LA FRANCE

ET LA RÉPUBLIQUE

EN 1871

PAR M. STAAL DE MAGNONCOUR

ANCIEN PAIR DE FRANCE

MOULINS

IMPRIMERIE DE C. DESROSIERS

MDCCCLXXI

LA FRANCE

ET LA RÉPUBLIQUE

EN 1871

LA FRANCE ET LA RÉPUBLIQUE

EN 1871

—

L'abîme inouï dans lequel est tombé le grand pays qui naguère encore dominait l'Europe sous tous les rapports, qui faisait son envie et s'attirait ses haines par sa brillante existence, son bonheur et sa vanité, doit être un sujet de méditation triste et profonde, non-seulement pour tous les citoyens français, mais pour tous ceux qui veulent se rendre compte du développement politique et social des peuples et des causes qui décident des destinées des nations.

Jamais, à aucune époque, la France n'a été dans un aussi grand péril, aussi humiliant, aussi avilissant pour la nation.

Il semble qu'après tous les ébranlements, les cataclysmes sans repos qui se sont succédé depuis 89, celui-ci soit le dernier, et qu'on aura à peine la force de le supporter. C'était le contraire en 1792 et 1793, Paris se livrait aux plus grands excès, la domination du crime y était complète, et bien que la province fut soulevée contre la capitale, la Commune et le club des Jacobins, et en 1793, cent mille jacobins répandus dans mille deux cents loges, poussaient aux mesures les plus violentes, terrifiant les deux tiers de la France soulevée contre cet atroce gouvernement qui eut été renversé alors si la ville de Lyon eut pu vaincre les troupes de la Convention, et que, son siége levé, son armée ait pu marcher sur Paris, entraînant avec elle toutes les provinces de l'Est qui n'attendaient que ce signal ; tous ces malheureux pays auraient préféré l'étranger plutôt que d'être soumis au régime sanguinaire qu'ils furent obligés de subir.

Aujourd'hui c'est le contraire, c'est la Province ayant à la tête le gouvernement qui assiége Paris toujours criminel ; mais en 1793 l'étranger n'était pas prêt à nous dominer. Il aurait pu y venir facilement en 1792, car aucun moyen ne pouvait arrêter la Prusse dans sa marche triomphante, si son cabinet ne se fut entendu avec Dumouriez et les chefs du Gouvernement révolutionnaire en s'engageant à ne pas attenter aux jours de Louis XVI ; les circonstances de toutes ces négociations sont aujourd'hui parfaitement connues ; mais enfin les ennemis se retirèrent et nous laissèrent nous débattre au milieu de nos divisions.

Actuellement il faut écraser la révolte et renvoyer l'étranger. Et il semblerait que l'hésitation est partout, et bien que cette situation soit presque au-dessus de toutes les forces de la nation et que tous les esprits, toutes les âmes devraient n'avoir d'autres pensées que d'en finir avec ces terribles ennemis intérieurs et extérieurs, cependant, il n'y a aucune unité et les partis sont assez divisés pour empêcher une forte direction. Jamais une Assemblée, au milieu d'un pareil péril, n'a eu aussi peu d'unité, aussi peu de décision. Toutes les leçons qu'on a reçues n'ont encore servi de rien, n'ont pas montré encore où est la vérité, et jamais Assemblée n'a moins bien représenté le pays, ses idées et ses besoins. Au milieu des dangers de l'invasion, de la conduite arbitraire, imprudente, incapable, violente, dilapidatrice des républicains, le pays avait espéré et voulait fortement que les partis conservateurs se réunissent et lui donnassent un gouvernement où il aurait trouvé de l'unité, de la stabilité et de la force ; s'il en eût été ainsi, si la monarchie eût été relevée, comme on s'y attendait, il y a longtemps que l'ordre eût été rétabli partout, que les affaires eussent repris leur mouvement toujours croissant, que la discipline se fût fortifiée. Jamais ces tristes événements n'auraient eu lieu, et dans tous les cas, les insurgés, auraient été de suite combattus avec énergie (1). Enfin, cette situation nous aurait donné beaucoup de considération à l'étranger, près des cabinets européens ; mais avec la marche adoptée, sans se séparer du parti républicain, toujours usurpateur, il était impossible que les événements marchassent autrement. Nous recommençons alors la même série périodique d'anarchie, de désordres que nous traversons tous les quinze ans, sans aucune cause, qu'une maladie morale, la folie des esprits ; mais il faut le dire, d'une extrême minorité qui profite d'un moment de faiblesse du gouvernement pour le renverser par l'instinct de la destruction, sans pouvoir arriver à aucune

(1) La guerre civile la plus affreuse n'a-t-elle pas été pendant le siége de Paris. Les chefs de la république n'ont-ils pas été menacés d'assassinats. C'était tout logique, car ils avaient autant le droit de gouverner que les hommes du 4 septembre, et le parlement du 18 mars, n'a-t-il pas eu lieu sous la république, comme au 20 juin 1848.

La république, par ses bases incertaines, provoquera toujours plus les insurrections. Il en a toujours été ainsi. C'est inévitable, car elle laisse beaucoup d'espoir aux factieux, puisqu'elle est sans autre base que la multitude. Aussi on a vu à quel point la naïveté de M. le président du conseil a été trompée, lorsqu'il croyait calmer les communistes, en leur promettant le maintien de la république et beaucoup de clémence. On sait comment ils ont répondu à ces douces paroles.

fixité, à aucune unité de principes, et au milieu du même vague, de la même incertitude qu'en 1848, sans qu'on sache précisément la nature, le but et les conséquences du gouvernement qu'on va se donner. Il y a des hommes qui vous disent : sans les événements de Paris, la République allait enfin se fonder ; mais l'insurrection était aussi inévitable que celle de 1848. De même que Napoléon n'avait nullement besoin de la guerre pour sombrer, son temps était fini comme celui de Louis-Philippe en 1848, la preuve en est, c'est que dès que les républicains se sont emparés du pouvoir, ils se sont portés à des excès de toute nature beaucoup plus violents que ceux de l'Empire, et que depuis la réunion de l'Assemblée, le gouvernement a été d'une faiblesse extrême sous tous les rapports. Voilà 80 ans que les principes de 89 dominent la France, et ces principes n'ont encore rien pu créer, soit par leurs bases, soit par les circonstances qu'ils ont amenées, soit par les traditions subversives qu'ils ont créées dans notre malheureux pays ; et à côté de ces principes de 89, on cherche encore de l'appui pour l'avenir, dans l'imitation de certains gouvernements qu'on ne connaît pas, dont on n'a vraiment aucune idée. Les uns, l'Angleterre, toujours sans avoir étudié son organisation, ses mœurs, ni ses abus, les autres l'Amérique avec les mêmes illusions.

Pour se rendre compte d'une aussi triste situation qui amènera l'anéantissement de la France sous le rapport politique et social, qui détruira sa position dans le monde et la mettra dans l'anarchie à l'intérieur, il est nécessaire de remonter à l'origine du mal et de faire un tableau des causes de la révolution et des effets qu'elle a produits. Il y a encore beaucoup à dire sur ce chapitre, et dans un court résumé. Il le faut bien, puisque continuellement on entend répéter les choses les plus fausses sur notre pays et les nations voisines.

On a beaucoup parlé des abus de la société avant 89. A cette époque, a éclaté la révolution démocratique européenne, et on ne réfléchit pas que la France était dans la meilleure situation sociale de toute l'Europe ; infiniment supérieure à l'Angleterre. Il sera facile de le prouver dans les détails que nous donnerons sur la société anglaise. Elle se développait à pas de géant sous le rapport de la richesse et du développement intellectuel et il s'est créé autant d'existences indépendantes depuis la fin du règne de Louis XIV jusqu'en 1789, que de cette époque jusqu'à nos jours ; c'est ce qui explique cette bourgeoisie si énergique, si puissante, qui remplit l'Assemblée nationale ; mais il était parfaitement inutile de renverser la monarchie pour obtenir les réformes nécessaires, car on avait déjà aboli beaucoup d'abus, et la transformation politique et sociale aurait été faite sans sortir des traditions de la monarchie ; car le Roi et tous les ressorts de l'Etat y tendaient. Seulement il aurait fallu quinze ans pour arriver à ce résultat, au lieu d'un an suivi du bouleversement général de la France, de la société européenne et de toutes les catastrophes intérieures et extérieures. Les désordres financiers n'ont jamais eu les causes qu'on leur a attribuées : ce sont toujours les grandes guerres qu'on a eu à soutenir qui ont embarrassé les finances, mais jamais les désordres dont on a tant parlé. De même sous Louis XVI, c'est la guerre d'Amérique qui a amené le déficit, ou qui fut le prétexte de la réunion des Etats généraux ; malheureusement ce n'est pas chez les peuples malheureux qu'il y a des révolutions, sans cela il y a longtemps qu'il y en aurait eu en Angleterre ; car aucun peuple n'est plus malheureux et ne gémit sous plus d'abus, et il devrait ne plus y en avoir en France où les populations sont si heureuses. Les révolutions sont la conséquence de l'état moral des peuples, de l'impossibilité où ils se trouvent de pouvoir supporter plus longtemps les traditions de l'époque antérieure, du malaise moral qui s'ensuit. Mais cette situation est la conséquence d'un grand développement qui ne peut exister qu'avec un très-bon gouvernement. C'était là l'état de la France en 1789. Toute la dernière moitié du XVIIIe siècle l'avait préparé intellectuellement, par des attaques constantes contre l'ancien ordre de choses, presque toujours les plus injustes. L'étude des institutions anciennes et modernes envisagées de la manière la plus fausse, égarait tous les esprits. Montesquieu avait commencé ses études aux environs de 1730, bien que son ouvrage ne parut qu'aux environs de 1760. Rousseau, Condillac, Mably, voilà sous le rapport politique quels furent les divers guides des législateurs de 1789.

Les publicistes du dix-huitième siècle avaient oublié tous les faits antérieurs, toutes les causes des antécédents historiques. Ils croyaient que les mauvaises institutions avaient été créées par les dominateurs de l'humanité et n'avaient pas été la conséquence de l'histoire des nations, et qu'on pouvait modifier complètement un peuple par les institutions. Ils croyaient que les institutions étaient bonnes d'une manière absolue et n'étaient point bonnes seulement par les rapports qu'elles ont avec les habitudes et les besoins des peuples qu'elles dominent. Ils ne s'occupaient point des mœurs, des coutumes des nations. Ils considéraient les constitutions sur le papier, leur conséquence et leur logique, et ils ne jugeaient que le côté extérieur, croyant que tout s'exécutait. Ils n'avaient aucune connaissance de l'antiquité, et croyaient réellement que le peuple de Rome était libre et décidait de son sort, sans s'occuper de l'autorité patricienne qui faisait du peuple souverain un peuple esclave.

C'est d'après l'antiquité faussée, que Rousseau fit son

contrat social, qui eut une si grande influence, ne réfléchissant pas dans tous les cas que cela ne pouvait être que des institutions muicipales. Si Montesquieu préférait la Constitution anglaise, Condillac de son côté dirigeait son admiration en faveur de la Constitution Suédoise ou des quatre Etats, parcequ'il y avait l'ordre des paysans. Malheureusement cette Constitution ne fut presque jamais observée, la Suéde ayant presque toujours eu de très-grands rois. Ils l'absorbèrent entièrement de l'aveu de la nation, et quand elle fut mise en pratique après Charles XII, elle fut la honte et le malheur de la Suède. L'aristocratie se laissa corrompre, il y eut deux partis : celui des chapeaux et des bonnets ; l'un vendu à la France, l'autre à l'Angleterre ; elle était sur le point d'être vendue à la Prusse et à la Russie, et la Suéde ne reprit possession d'elle-même, que quand Gustave III en 1772, la remit sous l'autorité de la couronne. Voilà la fin des illusions de Condillac. Quant à l'Angleterre on ne la connaissait encore que par Montesquieu, ce qui est très-simple, puisqu'encore maintenant on cite Montesquieu à propos de la Constitution Anglaise. Mais Montesquieu n'a jamais dit ce qu'on a prétendu sur la Constitution anglaise. Il y avait deux hommes dans Montesquieu, l'observateur judicieux et consciencieux, puis le philosophe qui payait son tribut aux formules de son temps. Dans son chapitre sur la Constitution de l'Angleterre, il fait le tableau de l'organisation de ces institutions au point de vue extérieur et les explique ce qu'elles étaient, et c'est cet exposé qu'on a admiré outre mesure, sans analyser un paragraphe à la fin du chapitre qui prouve que Montesquieu ne croyait pas du tout à l'exécution à la lettre de la Constitution. Il n'en était rien dans le fait, car dans ces notes sur l'Angleterre où l'observateur véridique reste seul, il fait un tableau réel de ce pays, comme la société la plus corrompue, la plus vénale et comme abandonnée à la rapacité de quelques familles, ne se souciant ni de leurs concitoyens, ni de l'Etat; enfin sous tous les rapports, il mettait la France bien au-dessus. Dans le fait à cette époque l'Angleterre était entièrement soumise à quelques familles. Les communes étaient ou entièrement dominées par les lords qui faisaient élire qui ils voulaient, ou les droits d'un bourg appartenaient à quelques individus qui vendaient leur voix à qui voulait les payer. Enfin toutes les lois importantes ne passaient dans le parlement qu'à force des vénalités les plus honteuses et les plus inouïes. Les moindres circonstances de toutes ces odieuses machinations sont dévoilées par tous les historiens anglais, et entre autres par le grand Macaulay. Toutes les idées qu'on s'était faites sur les principes de la Constitution anglaise étaient fausses; on parlait toujours de l'indépendance des trois pouvoirs, de leur balance; il n'en était rien, pas plus qu'aujourd'hui. Le principe des institutions anglaises qui est aristocratique, est l'unité sociale et politique la plus forte, la plus concentrée qui ait jamais été créée, depuis l'aristocratie romaine, et domine la société britannique de la base jusqu'au sommet. Toutes les institutions sont soumises au même principe, nous l'expliquerons encore plus loin. Du reste la balance des pouvoirs est aussi une chimère qui ne peut exister et qui ne créerait partout que l'anarchie en affaiblissant tous les ressorts. Dans une monarchie, l'autorité et la direction sont dans la couronne; dans une aristocratie, dans la supériorité des grandes familles; dans une démocratie, dans la Chambre élective, par le suffrage universel ou autre. C'est donc sous l'influence de ces idées politiques et sociales et animés d'une grande jalousie contre la noblesse et ses priviléges que les Etats généraux se réunirent en 1789, priviléges très-exagérés et qu'il était bien facile d'aplanir. Dans tous les cahiers et à l'assemblée, tous les ordres supérieurs firent l'abandon des priviléges financiers, qui en réalité étaient insignifiants et n'étaient vraiment qu'une affaire d'amour-propre ; car la noblesse payait tous les impôts, sauf la taille, impôt qui était la représentation du service militaire auquel tout noble était constamment obligé. C'était très-peu de chose, car sur le budget de 560 millions présenté en 1789, pour 1790, M. Necker ne portait pour rétablir ce que devaient les privilégiés que trente millions et dans les années de guerre quand on chargeait les tailles d'un ou de deux vingtièmes, ils étaient payés par toutes les classes. Louis XVI avait déjà proposé l'égalité complète en matière d'impôt en 1787 aux notables. Quant aux emplois, sauf le service militaire où la noblesse était favorisée, toutes les autres carrières et jusqu'aux ministères, étaient remplies par la bourgeoisie et les parlements. Les plus habiles hommes d'Etat étaient presque tous ou bourgeois ou de famille parlementaire, et même c'était de principe dans les traditions politiques de les préférer aux grandes familles aristocratiques.

Quant aux droits seigneuriaux, déjà en partie très-diminués les années précédentes, il était certain qu'en très peu de temps, on aurait nivelé toutes ces misères et en garantissant tous les droits à la satisfaction de tous. Mais l'impatience et l'absence de bon sens rendait tout impossible ; cette assemblée avait donc les idées les plus fausses et entièrement en dehors des situations pratiques ; elle était très-ignorante de toutes les grandes et profondes questions qu'elle devait traiter, nous l'avons vu précédemment par la manière dont elle envisageait l'organisation politique des peuples. Les antécédents historiques n'étaient rien pour elle, car elle croyait à la perfection des institutions, abstraction faite de toutes traditions de toutes mœurs publiques. Donnant l'exemple aux assemblées qui suivraient, tout en proclamant la souveraineté du peuple, elle fit tout le contraire de ce que voulait la nation, de ce que voulaient les cahiers des Etats, elle n'en tint aucun compte, elle brisa la couronne sur la tête de Louis XVI en ne voulant pas qu'il se mêlat jamais, par lui ou par ses ministres, à l'œuvre constitutionnelle. Et la Constitution fut elle-même tout le contraire de ce qu'elle voulait, mais comme tout ce qui est remis au hasard de l'élection, elle ne contenta personne, et bien qu'on voulût la réviser on ne put y parvenir, car ils ne purent s'entendre, et après avoir eu l'audace et le ridicule de faire une déclaration des droits de l'homme, comme si on sortait des forêts, et comme si les hommes n'avaient jamais eu d'autres droits que ceux de la société dont ils faisaient partie. Après avoir passé un rouleau sur la France et en avoir arraché toutes les fondations, de manière qu'il ne fut plus possible d'y rien construire, ils déposèrent leur pouvoir en laissant une œuvre dont nul ne voulait, pas même eux, qui ne devait durer qu'un an, mais léguant un désordre qui devait durer toujours et dans lequel la France succombera ; car jamais folie humaine ne s'est présentée à ce point là, dans les autres révolutions des peuples dans les temps anciens et modernes. Voilà cependant les principes et les idées sous lesquels notre malheureux pays vit et agit. L'idée de la puissance populaire exploitée par quelques-uns, et par tous, l'ignorance la plus absolue sur les conditions des gouvernements et la direction des nations. Après cette prétendue Constitution faite sur les ruines de la royauté qui ouvrit toutes ces criminelles et sanglantes saturnales, on réunit l'assemblée législative. Celle-là ne pouvait représenter la nation, car elle fut élue sous la pression de la commune de Paris et des 1,200 loges de Jacobins répandus dans toute la France; elle ouvrit, d'accord avec l'affreuse commune, cette carrière de sang et de crimes qui devait durer de longues années et y entraîner violemment toute la nation; mais elle eut encore une bien plus grande influence sur les destinées de la France et de l'Europe; car c'est elle qui déclara cette longue et terrible guerre dont les conséquences durèrent vingt-trois ans. Nouvelle preuve de la fausseté des principes établis par cette nouvelle école de rêveurs. Afin d'éviter que, comme par le passé, les peuples fussent entraînés dans des guerres injustes et iniques *par ces affreux rois*, on avait décidé que ce serait l'Assemblée qui déclarerait la guerre sur la proposition du roi; mais comme le ministère et la fraction dominante étaient parfaitement unis, il ne pouvait y avoir d'obstacle. C'était dans l'intérêt de la faction des Girondins qu'elle devait avoir lieu, elle pensait qu'elle avait besoin de ce moyen pour dominer l'Assemblée et le pays. Malgré certaines menaces des puissances étrangères, contre ce qui se passait à Paris; malgré la réunion des émigrés on n'aurait pas déclaré la guerre, car elles n'étaient pas prêtes plus que nous, mais nous l'étions encore moins qu'elles. Toute l'armée était désorganisée, les officiers avaient abandonné leurs régiments, les volontaires étaient très-peu nombreux, et si les puissances l'eussent voulu, elles seraient venues par étapes à Paris. Elles auraient empêché tous les crimes et la subversion sociale, et elles avaient assurément tous les droits, toutes les raisons pour faire la guerre. Nous aucune, que celle de satisfaire à l'élévation de la faction dominante. La terrible assemblée qui vint en 92 fut élue, après les massacres des 2 et 3 septembre, et le 10 août. Enfin arriva le règne absolu de la Commune de Paris; mais toute la France se souleva contre elle, tout l'ouest, une partie de la Normandie, tout le midi de Bordeaux aux Alpes et à Lyon et tous tendaient la main à l'étranger plutôt que de souffrir ce régime criminel, insensé, atroce.

Si Lyon eût vaincu les armées de la Convention, l'Est de la France l'eût suivi et on marchait sur Paris, on sait que la République ne triompha que par les mitraillades et la guillotine, et en couvrant tout le pays de sang. Enfin, quand tous les chefs furent mis à mort à l'envi, que la France respira un moment, on aurait pu croire qu'on allait rentrer dans une situation régulière; mais les républicains ne l'entendirent pas ainsi, craignant, s'ils donnaient des élections complètes, sinon libres, d'être tous renversés. Ils exigèrent : 1° que les deux tiers de la Convention remplissent les conseils constitutionnels de la Constitution de l'an III, et que les cinq directeurs fussent tous régicides. C'est ainsi que là, comme partout, ils conçoivent la liberté. On résista; ils furent attaqués au 13 vendémiaire, et l'iniquité triompha encore par la force et la violence; mais la France ne se lassa pas, et deux ans après, elle envoya encore une majorité royaliste. Les ennemis de la liberté n'hésitèrent pas davantage, et le 18 fructidor, ils arrêtèrent la majorité des Conseils et tous les journalistes qui servaient la même cause; ils emprisonnèrent les uns et envoyèrent les autres périr à la Guyanne. Enfin, ne pouvant plus gouverner, ils cherchèrent un général qui pût les servir; le général Joubert, tué à Novi, était désigné pour être le chef du gouvernement; de plus, Barras, qui avait joué le plus grand rôle dans toutes ces terribles entreprises, quoique régicide, se mit en rapport avec la famille royale. Lorsque Bonaparte arriva d'Egypte et fut acclamé par toute la France comme celui qui devait terrasser le crime et l'anarchie, il maintint la société civile, mais il n'en continua pas moins la tyrannie, et eut surtout une politique révolutionnaire à l'extérieur; on l'a appelé un Robespierre à cheval. Mais l'éclat de son règne et les succès militaires enivrèrent la nation, et il devint le dieu de la France. Il eut pu fonder une dynastie, s'il eut été modéré et s'il s'était arrêté au traité de Tilsitt; mais la folie de ses projets et de ses entreprises amena deux fois les étrangers en France; la deuxième fois, la France était partagée et perdue, l'Europe voulait en finir avec cette nation incorrigible qui ne lui laissait aucun repos, lorsque la vieille race de ses rois vint se jeter entre elle et l'Europe, et sauver son unité qui lui conserva sa primauté parmi les nations et lui permit d'être la première de l'Europe. Voilà donc la première phase de la Révolution depuis la première assemblée en 1789, celle où tous les évènements se sont enchaînés et ont été la conséquence les uns des autres.

Nous allons entrer dans une nouvelle période, dont les incidents se modifièrent, mais arrivèrent aux mêmes résultats.

Dans la première période, on voit que la souveraineté nationale, la souveraineté du peuple, malgré les principes posés, n'y ont jamais été pour rien ; qu'il n'y a jamais eu le respect, je ne dis pas seulement des assemblées nationales, mais de la pensée populaire ; que jamais les assemblées n'ont représenté les nations, mais même l'opinion publique, et qu'on a repoussé les instincts, les sentiments les plus chers à la nation, qu'en un mot, les assemblées n'ont jamais représenté la nation de 1789 jusqu'en 1799, depuis la première jusqu'à la dernière ; enfin, quand les sentiments nationaux se montraient, que les assemblées étaient arrêtées, emprisonnées, ses membres déportés, la France s'est crue, à juste raison, mieux représentée par un homme comme Napoléon, que par cette myriade d'hommes insensés qui encore ne s'entendaient point entre eux (1).

(1) Jamais on ne fera croire aux classes ouvrières et populaires qu'elles sont pour quelque chose dans le gouvernement ; cela leur importe fort peu et leur est très-indifférent. Et vraiment, vouloir s'appuyer sur la multitude ignorante et insouciante, est l'invention

Tous les principes de 89 ne reposent donc sur rien, et sont des rêves sans bases qui, pour être exécutables, demanderaient des hommes à part; mais à cette époque, pas plus qu'aujourd'hui, les républicains n'ont voulu la moindre liberté, et ne se sont pas souciés de la nation ni d'un gouvernement libre; jamais ils ne l'ont proposé; ils se moquent toujours de l'opinion et des sentiments du pays; ils ont toujours, comme on l'a vu, voulu dominer par la violence, et imposer ce qu'ils appellent la république par la force.

Ce n'est donc ni la liberté qu'ils veulent, ni la république : c'est la tyrannie démagogique, c'est la domina-

la moins raisonnable; car quand on agit autrement qu'elle le voudrait, que veut-on qu'elle fasse ? Ce principe n'a aucune base, et jamais les peuples ne se croiront souverains, car ils ne le sont pas et ne peuvent l'être; on l'a vu dans tout ce qui précède; et jamais ils n'ont été plus esclaves, jamais on ne s'est plus moqué d'eux, de leurs idées, de leurs intérêts que depuis qu'on leur a mis la couronne sur la tête. Les monarchies du Nord respectent plus les idées de leurs peuples que dans les pays démocratiques et à plus forte raison démagogiques. On est forcé d'admettre que les assemblées ne représentent pas la nation, et alors elles ne sont pas souveraines, car le droit de souveraineté qu'on leur accorde vient de la conviction qu'elles agissent comme la nation elle-même, tandis qu'il n'en est rien. Elles ne peuvent agir et représenter la nation par les intérêts divers, les rivalités, les amours-propres et les partis qui remplissent une assemblée, dont chaque membre s'occupe avant tout; enfin, le ballottage et l'incertitude des votes des élections. La souveraineté absolue d'une assemblée est donc un mot vide de sens. Mais il en est autrement d'une chambre dont les attributions sont restreintes, qui se renferme dans le règlement des affaires financières et dans le vote des lois, et qui est retenue et contenue par un sénat dont la haute direction appartient à la couronne. La souveraineté nationale existe dans les institutions qui constituent l'Etat, dans la couronne et les diverses assemblées qui, réunies, représentent les intérêts nationaux.

tion des basses classes ; voilà pourquoi ils veulent anéantir toutes les supériorités, même intellectuelles. Ils ne veulent pas abandonner les nations à leur développement naturel, c'est certain, car ils ont la haine de tout ce qui est élevé.

Depuis 89, c'est une minorité violente qui a toujours triomphé et qui se montre toujours la même ; les fils ont hérité de leurs pères. Les républicains ne croient pas à la souveraineté du peuple, car ils mettent la république au-dessus ; mais ils devraient croire au moins, comme tous, à la souveraineté des nations, qui sont réellement souveraines tant qu'elles sont dominées par les grands principes qui dirigent l'humanité depuis l'existence des sociétés. Voilà donc cette Révolution si terrible finie en 1815 ; toutes les exigences, toutes les questions traitées en 89, qui avaient été la cause ou le prétexte de ces soulèvements sans fin, sont fondues dans les lois actuelles, dans l'ordre social. La dynastie exilée, en apportant la paix, avait donné aussi le régime le plus libéral qui existait en Europe, et beaucoup plus que le régime anglais, surtout à cette époque, avant les réformes. On ne conçoit pas, vraiment, comment il peut y avoir une seule idée, une seule raison qui puisse justifier la moindre plainte ; mais l'esprit révolutionnaire et bonapartiste remplit les premières années de conspirations, et le duc de Berry fut assassiné. Il fallut recourir à plus de sévérité, et, il faut l'avouer, la dynastie ne put se consolider que lorsque les hommes qui prirent le pouvoir furent choisis parmi ceux qui regardaient la royauté comme une religion. Cependant, la constitution était très-monarchique : la couronne avait l'initiative des lois et de toutes les mesures, la chambre des pairs était héréditaire, et la chambre des députés nommée par les électeurs qui payaient 300 francs d'impôts, et on exigeait des députés un cens de 1,000 francs. Le roi et deux chambres ; c'était ce qu'on appelait la constitution anglaise, comme s'il y avait la moindre parité entre les deux peuples, entre les deux bases sociales ! On le verra bien ; mais dans ce temps, on en était encore aux idées du dix-huitième siècle sur l'Angleterre. Cela put marcher ainsi pendant sept ou huit ans. Lorsqu'en 1828, les élections amenèrent un changement radical, une majorité libérale qui voulait tout modifier, on fit tout ce qu'elle désirait : des réformes de toutes natures furent votées sur la presse, sur l'organisation municipale, etc.; néanmoins, le ministère perdit la majorité dans la chambre, ce fut une indignité. Le roi vit avec raison qu'il avait en face de lui des hommes qu'il ne pourrait jamais satisfaire. Il cassa la chambre, obtint les mêmes résultats, et résolut alors de changer par ordonnance ce qui avait été fait.

Il est certain qu'il n'avait pas pour six mois de règne, quoi qu'il fit, et qu'il aurait été obligé d'en venir là; son action est justifiée, par ce qu'il advint de son successeur, mais il n'avait pas prévu la résistance. Ses préparatifs militaires étaient trop faibles, et il fut obligé de quitter la France. Cependant on doit croire que, si on n'eut pas connu que le duc d'Orléans accepterait la couronne, on se serait arrangé avec la branche aînée des Bourbons, ce qui était très-facile. Ce fut hélas ! une grande faute et pour lui et pour nous. Tous les hommes les plus influents, les plus élevés, qui de suite offrirent leurs services au gouvernement, ne s'en seraient pas mêlés ; mais pleins de l'histoire d'Angleterre sans aucune parité cependant, on se figurait qu'il fallait que la branche aînée partît comme les Stuarts, sans entrer le moins du monde dans les diverses phases et les causes secrètes de la révolution d'Angleterre, et s'il y avait la moindre comparaison entre les Stuarts qui enlevèrent toutes les libertés de leurs peuples et vendaient leur pays à Louis XIV, avec cette admirable maison de Bourbon qui avait élevé la France si haut, venait de la sauver et leur avait donné le meilleur gouvernement connu jusqu'alors. Jamais on ne se lança dans une révolution pour d'aussi faibles motifs et avec autant de légèreté, et ce qui prouve combien les têtes françaises sont ébranlées, combien on croit avoir le droit de disposer des destinées de son pays, comme si on en ignorait les conséquences. Cette révolution fut faite par une réunion d'hommes qui payaient tous plus de mille francs d'impôts et avaient tous plus de quarante ans, en 1830, et par conséquent avaient presque tous vu les scènes sanglantes de la révolution.

Quel ébranlement ? Quel aberration !

A part la faute impardonnable que Louis-Philippe commit d'usurper le trône de son cousin, ne voulant pas aller en exil et espérant sauver la France, il n'est pas possible d'avoir agi avec plus de loyauté, d'honnêteté et de bonté vis-à-vis du pays ; mais les républicains et les démagogues ne restèrent pas un moment sans l'attaquer, la guerre civile était constante, sur nos places publiques et dans nos grandes villes, des assassinats continuels sur la personne du Roi et des princes, enfin les républicains commirent le plus grand de tous les forfaits par la machine infernale de Fieschi, où pour arriver jusqu'au Roi ils tuèrent quatorze à quinze personnes qui l'entouraient à la revue de la garde nationale. Cette pensée fait vraiment frémir d'horreur. Ce gouvernement si libéral fut poursuivi d'attentats jusqu'en 1840 ; enfin ils se lassèrent, mais quoiqu'il n'y eut d'autre reproche à lui faire que celui d'être faible, la presse l'attaqua comme le plus coupable et l'opinion en fut ébranlée, à Paris surtout, et on prit pour prétexte une augmentation du nombre des électeurs qu'on aurait obtenu sans nul doute, si on avait donné le temps au gouvernement d'examiner la question ; mais dans ce malheureux pays soumis à tous les ébranlements, on exige d'un gouvernement qu'il accorde tout de suite ce qu'on demande, comme s'il s'agissait de le faire sauter sur une corde ; on compare cette manière d'agir à celle de l'Angleterre où il faut trente ans pour obtenir une réforme insignifiante presque toujours. Des réunions qu'on avait préparées pour soutenir cette demande furent suspendues, elles résistèrent, soutenues par une partie de la garde nationale. On entoura le Roi, sa vieillesse fut circonvenue, on lui fit changer son ministère, la faiblesse fut mise à la place de l'énergie, dans la défense, confiée précédemment au maréchal Bugeaud qui aurait facilement rétabli l'ordre, et comme toujours les révoltés entrèrent dans l'Assemblée. La régence devait être admise ; mais les républicains, fidèles à leur passé, s'armèrent d'audace et l'emportèrent. Louis-Philippe et sa famille furent obligés de fuir sans qu'on ait eu le moindre tort à leur reprocher. Quelle pouvait être la cause de cette révolution ? Comment expliquer cette submersion sous un gouvernement libéral et lorsque la France était si libre et si heureuse. Il est évident que c'était la conséquence de l'ébranlement général des esprits, qui poursuivait encore l'autorité française, comme cela serait toujours dans tous les pays où il n'y aurait plus aucune croyance politique par suite des changements perpétuels, mais assurément pas à cause des abus et des souffrances. Après avoir proclamé leur victoire sur toutes les places de Paris, ils envoyèrent des émissaires pour établir la République dans tout le royaume, en assurant que la France serait consultée. Ils imposèrent le suffrage universel, et, chose inouïe, on l'accepta quoique personne n'y ait pensé auparavant ; car, même dans nos premières assemblées révolutionnaires, pour être électeur il fallait payer l'impôt personnel et l'élection était à deux degrés ; mais dans la crise où on se trouvait abandonné par le gouvernement, personne ne résista ; nouvelle preuve de ce que c'est qu'une situation basée sur la souveraineté du peuple, sur la multitude. Alors on déclara que la République était acceptée par la nation, qu'il était donc inutile de la consulter de nouveau, et que tous ceux qui travailleraient contre elle seraient poursuivis comme rebelles. C'est ainsi que toujours les révolutionnaires respectent l'opinion publique et les droits du pays. Le gouvernement provisoire qui se nomma lui-même, disposa de la France comme si elle lui appartenait. Ils se permirent, comme toujours, les actes les plus arbitraires. Ils suspendirent l'inamovibilité des juges, et destituèrent plusieurs magistrats. Ils envoyèrent dans les départements et dans chaque département un grand nombre de commissaires qui tous se firent nommer députés. On convoqua une assemblée constituante (1). Les élections furent faites

(1) Il n'a jamais existé, il n'existe pas dans le monde un gouvernement qui ait été créé. Tous ont été les conséquences de la vie historique des nations et de leur situation topographique.

L'idée de réunir une assemblée constituante et de lui donner le pouvoir le plus absolu sur la nation, pour organiser toutes les institutions du pays, sans tenir compte des antécédents politiques, moraux et historiques, n'existe pas dans le passé de l'humanité.

Mais c'est toujours la conséquence de ce rêve chimérique et insensé, que les assemblées représentent complétement les nations, sans tenir aucun compte de toutes les influences momentanées et secondaires qui peuvent renverser tout ce qu'elles font.

Hélas ! une nation sans passé n'existe plus. Les Etats-Unis d'Amérique avaient déjà tous les éléments de la république fédérative avant d'achever leur constitution. Il n'y a que les philosophes du XVIIIe siècle et les révolutionnaires de 89 leurs élèves, qui ont imaginé cette folle création, comme si une nation n'avait point de commencement et n'était pas formée sur ses antécédents, pouvait vivre sans autorité et sans liens.

sous l'influence de la terreur et néanmoins, sans cette fâcheuse division du parti monarchique, la République n'eut pas été proclamée. *Enfin cette forme si admirable qui relève tant d'humanité* fut constamment attaquée partout et plus violemment que jamais ne le fut la monarchie.

Il n'y eut rien de comparable à l'insurrection du vingt juin ; on fut sur le point de succomber. Les provinces marchèrent sur Paris (1).

On a prétendu que la République était la forme du gouvernement qui nous divisait le moins. C'est le contraire, c'est celle qui a appelé les divisions, car il y a dix républiques et toujours au-dessous le socialisme, et chaque partie du peuple se donne comme le peuple entier.

(1) On disait autrefois qu'en 1789, la résistance des 1ers ordres avait décidé les 1ers troubles, le 1er sang répandu. Il n'en est rien, et d'ailleurs ce fut si bref que cela n'a pu en être la cause. L'attaque des étrangers n'a été pour rien non plus et il ne faut pas oublier que c'est la France qui a déclaré la guerre. Les grands crimes ont commencé au 5 et 6 octobre, lorsqu'on vint à Versailles sans autre raison que d'assassiner la famille royale ou la ramener à Paris avec l'Assemblée pour les soumettre constamment à la pression de la Commune et des insurgés. Dans tous les cas, il avait été dès le commencement dans le projet des chefs de la démocratie de soulever des masses en envoyant des émissaires par toute la France. Voilà la cause des crimes et aussi le mépris que l'Assemblée montra pour la personne de Louis XVI et de son autorité. Ce qui prouve que quand un pays est dans un ébranlement révolutionnaire, il n'a pas besoin d'excitation ni de résistance pour être entraîné au crime, ce sont tous ceux qui ont été commis depuis 1815, sous les meilleurs gouvernements possibles; et en même temps que les révolutions n'arrivent pas sous les mauvais régimes, mais au contraire sous les bons ; car comme nous l'avons dit, les peuples se développent davantage et veulent bientôt changer la société. C'est donc l'état et l'ébranlement moral des peuples qui, seuls, causent les révolutions.

Le général Cavaignac nomma des commissaires pour désigner les individus parmi ces horribles factieux qui devaient être déportés. Il y en eut 6,000.

La constitution qui sortit de l'Assemblée fut vraiment insensée. Il n'y eut qu'une assemblée et un président : tous deux nommés par la nation, sans aucun intermédiaire.

Puis chose inouïe, tous les quatre ans, avant de renouveler les élections, il y avait une discussion sur la forme du gouvernement soit monarchique ou républicain : de sorte qu'on ne savait jamais quel serait l'avenir et qu'on ne pouvait compter sur rien. Enfin arriva le moment où il s'agit de choisir la présidence, et sans préparation aucune, tout simplement par la haine et l'horreur qu'inspirait la République, la France d'un mouvement spontané se réunit autour d'un nom symbole de l'ordre, sans connaître qui le portait, et lui donna six millions 500,000 voix, comme pour le charger de la débarrasser de la République à tout prix.

Dans le fait, dès que le prince Napoléon fut nommé la France changea d'aspect. Il y eut plus de calme et de sécurité. A part encore quelques soulèvements, la France passa trois années calmes; mais l'incertitude et l'agitation revinrent en approchant de l'époque où devaient s'opérer les élections des pouvoirs publics. On ne pouvait penser que le prince Louis consentirait à s'éloigner après avoir réuni 6,500,000 voix ; d'un autre côté, les divers partis monarchiques ne pouvaient s'entendre définitivement, et ne voulant point non plus de la République, étaient cependant décidés à renverser ce qui existait, et à faire arrêter au besoin le prince Louis. Au milieu de l'anxiété générale, et en face de ses ennemis, il fit ce terrible coup d'Etat et le fit ratifier par la nation qui lui donna 7,500,000 et 8,500,000 voix pour l'Empire, décision assez forte contre la République. Il répéta ce que le général

Cavaignac avait fait en envoyant plusieurs milliers de démagogues en Afrique et à Cayenne. Ce gouvernement dura 18 ans, et il n'avait pas besoin de chercher cette grande guerre pour tomber. On aurait pu éviter ce conflit terrible, car l'Empire devait périr puisqu'on lui avait imposé des institutions et des libertés qui renverseraient tous les gouvernements. Enfin les catastrophes de cette guerre si mal dirigée le mirent à néant, sans qu'il puisse se relever ; mais il en eût été autrement qu'il serait tombé comme les meilleurs régimes, comme ceux des deux branches de la maison de Bourbon ; car rien ne peut tenir avec les principes faux qui existent dans les têtes et qui ne veulent ni se soumettre, ni être dirigées. A peine eut-il disparu que malgré les Chambres et les pouvoirs établis, les Républicains, sans consulter la majorité des citoyens, même à Paris, firent entrer une réunion de bandits dans l'Assemblée qui la chassa et comme ils l'ont toujours fait, s'emparèrent du pouvoir par la force et la violence, s'appuyant sur une partie de la garde nationale et annulant l'armée. Une partie de ces hommes fort incapables fut à Tours pour suivre les opérations militaires et gouverner en dehors de Paris. Ils tenaient leur position d'eux-mêmes et cependant ils usèrent du pouvoir avec une audace, une absence de conscience d'autant plus incroyable que rien ne le justifiait. Ils ne respectèrent rien et ils usèrent largement des ressources financières sans jamais en rendre compte. Enfin ils étaient l'incapacité et la démence en personne. Cette dictature civile et militaire d'un avocat qui croyait, comme tout ce parti, que quand on est avocat et républicain, on est propre à tout, qui couvrait la France de généraux qui n'avaient jamais servi, de préfets qui s'emparaient de tous les pouvoirs, qui s'attaquaient à tout ce qu'il y a de sacré, qui affichaient partout le matérialisme, l'anéantissement de toute liberté, et le plus affreux arbitraire. Voilà une fois de plus le gouvernement odieux, humiliant que nous ont donné les démagogues, et qu'ils nous donneront toujours, car ils n'ont pas assez d'élévation pour concevoir autre chose. Enfin l'Assemblée nationale fut élue et donna à la France une direction jusqu'à présent incertaine, sans décision,. mais du moins honnête. On attendait plus d'elle, on pensait qu'elle déciderait de suite du sort de la France et il eût été bien nécessaire qu'un roi de nos vieilles races fut placé à la tête du gouvernement pour donner de la fixité et de la force et nous défendre vis-à-vis de l'étranger, car ce fait seul de l'apparition d'un prince à la tête de la nation nous eut de suite fait accorder beaucoup d'égards et de considération ; mais l'incertitude est toujours grande dans les esprits. Les uns rêvent la République, les autres la monarchie constitutionnelle, mais équivalant à la République, et ayant toujours pour but l'imitation de l'Angleterre et des Etats-Unis.

Pour en finir avec ces deux modèles, il est important de les analyser d'une manière complète. On a beaucoup parlé, autrefois, de la révolution de 1688, et en 1830, les têtes étaient pleines de cet exemple, comme si cet évènement eût donné à nos voisins un gouvernement qu'on pût appeler libéral. On croyait sincèrement que l'aristocratie protestante, qui s'empara du pouvoir, avait fait jouir l'Angleterre d'une grande liberté ; il n'en fut rien. Le gouvernement des Stuarts était très-méprisable, car il écrasait toute institution libre, et, en même temps, vendait le pays à Louis XIV, qui le dominait entièrement; mais il avait anéanti toutes les libertés anglaises, et personne ne remuait. La terreur qu'on avait eu de la tyrannie démocratique de Cromwell, avait fait admettre comme principe le droit divin de la royauté. La nation, ni le clergé, ni l'aristocratie, ne bougeait; seulement, quelques mécontents quittaient l'Angleterre et allaient rejoindre le prince d'Orange en Hollande. Mais quand Jacques II voulut toucher aux intérêts religieux, à ce qu'on appelait l'établissement anglican, sur lequel étaient en grande partie basés les intérêts de l'aristocratie, oh ! alors, on commença à s'ébranler, et bien que Louis XIV fût averti de tout ce qui se passait contre Jacques en Hollande, celui-ci ne voulut rien croire ; et en novembre 1688, le prince d'Orange, accompagné des exilés et d'une armée de Hollandais, débarqua à l'extrémité de l'Angleterre ; personne ne vint le rejoindre, et si Jacques s'était mis à la tête de ses troupes, il était perdu. Il ne fit rien et il finit par être abandonné, puis il quitta son royaume ; mais le régime qui suivit ne fut pas celui de la liberté. L'aristocratie protestante, qui lui succéda, introduisit le gouvernement le plus corrompu, où tout était à vendre et à acheter chez tous les hommes, soit dans les élections, soit dans les chambres, où rien ne passait sans que le ministre achetât, à deniers comptants, les votes des plus grands seigneurs. Ce régime était de fer. Il était terrible pour tout ce qui n'était pas dans l'esprit du moment ; catholiques et jacobites étaient poursuivis avec la plus affreuse cruauté, la plus terrible intolérance pour tout ce qui n'était pas anglican, les catholiques et les sectes dissidentes. Quant à l'Irlande, le régime sous lequel elle vivait était atroce sous tous les rapports ; elle était exploitée comme une colonie au profit de l'Angleterre, et quoique n'ayant que le dixième environ d'anglicans, elle donnait à leur clergé 30,000,000 fr. payés par tous les catholiques, qui, outre cela, soldaient encore leurs ministres. Ce régime dura jusqu'au bill de réforme, en 1832. Il faut dire que dans les premières années de ce siècle, il s'adoucit beaucoup, surtout sous le rapport religieux ; mais les bourgs qui avaient le droit de voter étaient entre les mains de l'aristocratie, on les achetait sans difficulté; la chambre des communes était une annexe de la chambre des lords. La liberté politique était donc illusoire. Cette situation a changé par les deux bills de réforme, en 1832 et en 1867, à trente ans de distance; ainsi, il y a maintenant des élections avec un cens encore assez élevé, mais enfin où les droits des comtés et des villes sont réels, ce qui n'empêche pas toujours une très-grande corruption, une très-grande vénalité. On le comprendra facilement : la société anglaise est la société féodale qui a traversé la civilisation; d'après la loi de succession, toutes les terres passent à l'aîné si le père meurt ab intestat; mais ce dernier peut disposer de toute sa fortune, laissant à ses enfants une légitime insignifiante. D'après ce principe, toutes les propriétés se sont concentrées sur un petit nombre de têtes; il n'y a que trente mille propriétaires dans toute l'Angleterre, et deux cent quatre-vingt-cinq mille fermiers indépendants. Parmi les propriétaires, les lords et quelques riches industriels, formant ensemble six ou sept cents personnes, ont chacun de 5 à 600,000 fr. à 6 ou 7 millions de revenus. On voit combien il y a peu d'indépendance chez les citoyens anglais; aussi, les élections se font par influence ou par corruption; il y a des entrepreneurs d'élections pour une somme convenue.

Le clergé anglican jouit d'environ 160 millions de rentes, et comme il ne représente que les 2[3 des habitants, l'autre tiers est payable par les autres sectes religieuses. Comme compensation à cette agglomération de richesses, il y a une taxe des pauvres qui s'élève à près de 200 millions, et les malheureux qui sont soutenus par ce moyen sont attachés à la glèbe, car ils ne peuvent quitter la commune où on les paye, ce qui n'empêche pas les pauvres de mourir de faim et de froid, et d'être ramassés dans les rues de Londres.

A part 160 villes incorporées, toute l'Angleterre est

administrée par les juges de paix nommés par la couronne et non payés, appartenant à l'aristocratie et rendant la justice au premier degré, instruisant les procès et administrant tout le pays.

L'Angleterre, pour garantir ses droits, a la liberté de la presse et le jugement par jurés; mais d'abord, la presse ne fut libre qu'aux environs de l'année 1760; car, outre qu'on en usait moins à cette époque, il y avait des partis tellement violents, qu'on était obligé de la suspendre vis-à-vis d'eux. Dans son esprit pratique, la race anglo-saxonne n'hésite pas à suspendre toutes les libertés, dès que la question de l'Etat et de sûreté publique est mise en jeu; elle ne tient pas à mourir dans les principes, comme beaucoup de nos théoriciens. A l'époque des guerres de la Révolution française, l'Irlande fut constamment soumise à la loi martiale, et dernièrement encore dans les attaques des fénians.

Voilà le peuple que nos libéraux très-avancés vantent constamment, sans en avoir plus d'idées que ceux qui parlaient de la constitution anglaise à l'époque de la Constituante il y a un siècle. C'est assurément mal de faire des révolutions pour obtenir pareil résultat; mais ces hommes ignorent ces détails. La vieille monarchie était toutefois plus libre que sa voisine, et on l'a renversée.

Ainsi l'Angleterre est le pays des plus grandes inégalités sociales et légales et de l'absence complète de droit commun. La France est le pays de la plus complète égalité sociale et légale, et le droit commun existe partout.

Les républicains ont toujours devant les yeux la grande république des Etats-Unis, sans la connaître et n'en jugeant comme toujours que le côté extérieur, sans entrer dans les ressorts moraux bien entendu. Ils ne font nullement attention à toutes ces républiques de l'Amérique du Sud, qui passent perpétuellement comme la France depuis de longues années par toutes les horreurs de l'anarchie, ou de la tyrannie démagogique, parce que leurs antécédents étaient tout différents et que les habitudes et les traditions sont tout chez les nations. Les Constitutions républicaines n'y font rien, on ne les suit pas, on ne les comprend pas ; tandis que nos théoriciens croient que tout ce qui est écrit s'exécute. Mais si, selon les traditions, ils eussent établi des monarchies, comme il en a été question en appelant au trône du Mexique un prince de la maison de Bourbon, quand ils se déclarèrent indépendants, tous ces Etats auraient été libres, heureux et prospères comme le Brésil sous la maison de Bragance. Voilà un exemple sans réplique, et qui est assurément analogue à notre situation. Quant aux Etats-Unis du Nord, ils sont venus s'établir au commencement du dix-septième siècle, sur le bord de la mer, par diverses colonies, et ils sont arrivés avec toutes les traditions politiques de l'Angleterre, toutes les idées et les institutions aristocratiques. Ils ont commencé à rester entre l'Océan et les Monts Alléghanis, puis la population s'accroissant et de nouveaux colons arrivant, ils ont été jusqu'à l'Ohio, puis au Mississipi et enfin maintenant jusqu'à l'Océan pacifique ; cette vaste union se joue donc entre les deux Océans. Dans cet univers, tout ce qui souffre peut se créer une existence, et les intérêts ne se coudoient jamais. Enfin ils n'ont point de politique extérieure, point de voisins puissants, vis-à-vis desquels il faille toujours veiller. Si les Etats-Unis pouvaient être transportés en Europe, ils ne dureraient pas six mois, sans changer toutes leurs institutions, sans que le pouvoir soit plus fortement concentré. Si les Etats du Sud eussent triomphé et qu'il se fût créé un Etat contigu à celui du Nord avec des intérêts différents, à l'instant ces deux républiques fussent devenues des monarchies et obligées d'avoir des armées permanentes de 4 ou 500,000 hommes. Voilà donc tous ces rêves renversés, car il est bien certain que la république ne se soutient que par les traditions, les habitudes d'Angleterre, l'esprit pratique de la race anglo-saxonne, transportée sur une terre sans limite et sans frontière et où peuvent s'étendre tous les intérêts, où on peut satisfaire à tous les besoins ! Enfin ils n'ont aucune difficulté extérieure qui domine l'existence de tous les peuples européens. Mais il est encore une différence notable dans les idées des républicains de ce pays et ceux des Etats-Unis ; l'esprit organisateur, discipliné, pratique de la race anglo-saxonne a créé avec cette constitution si libérale en apparence, un gouvernement très-fort, très-énergique. On l'a bien vu lors des difficultés avec le Sud ; comme leur mère l'Angleterre, ils n'ont pas hésité à dépenser des sommes fabuleuses, pour lever des armées, ils ont ruiné et massacré tous ces pays qui étaient pourtant dans leur droit en voulant se séparer. Ils ont fait périr, au dire des Américains, deux millions d'hommes en cinq ans et quand cela a été fini, que tout a été soumis par la mort et la ruine, ils n'ont pas donné au Sud la liberté. Ils les ont placés sous la loi martiale, jusqu'à ce qu'ils aient consenti aux conditions exigées par le Nord, pour entrer dans l'union, sans leur donner le prix de leurs esclaves, nécessaire pour faire valoir leurs terres et sans avoir donné des terres aux esclaves pour qu'ils puissent vivre comme cela s'est fait lors de l'abolition du servage en Russie. Jamais la Pologne n'a été traitée par la Russie comme le Sud le fut par les Etats du Nord ; car, jamais depuis un siècle on a fait périr deux millions de Polonais. Enfin on a fait quinze ou seize milliards de dettes, et pour les payer on a établi le système d'impôts le plus absurde et le plus vexatoire, à tel point qu'aucune nation européenne ne pourrait supporter pareil régime. Voilà le pays qu'on nous propose d'imiter; cela n'est pas possible, mais cela le serait qu'il faudrait bien s'en garder, c'est un régime odieux, assurément sans égal; ceux qui le désirent et ne le connaissent pas, ne pourraient pas y vivre un instant. Enfin c'est un état entièrement matériel, sans aucun développement scientifique et littéraire, où l'imagination et tout ce qui fait le charme de la vie n'est pour rien; c'est donc l'atmosphère le plus ennuyeux qu'on puisse concevoir. Depuis 1815, à toutes les époques, la France a toujours joui de plus de liberté réelle et d'habitudes plus douces, de plus de bonheur général pour toutes les classes, que ce pays tant vanté.

Déjà en 89 la France était le pays le plus riche de l'Europe, plus que l'Angleterre. Et il existe des faits positifs qui établissent le développement inouï de sa richesse. C'est le chiffre de notre commerce extérieur qui en 1790 était d'un milliard, qui s'est anéanti pendant toute la révolution et l'empire par les guerres incessantes. Ce chiffre d'un milliard n'a reparu qu'en 1831 et est aujourd'hui de huit milliards; qu'on se figure ce qu'il serait devenu sans l'interruption du travail pendant 23 ans. En 89, au moment de cette catastrophe néfaste, toute l'Europe était presque entièrement gouvernée par des princes philanthropes et philosophes. En Allemagne, Marie-Thérèse, et Joseph II, en Italie, Léopold duc de Toscane, enfin la tendance était partout aux réformes. On peut juger dans quelle situation eût été l'Europe, si toutes ces transformations eussent été faites sans secousses, comme le projetait le gouvernement de Louis XVI; à quelle prospérité inouïe on serait parvenu; à quel développement seraient arrivées la France et l'Europe.

Au lieu de toutes ces années sanguinaires, de ces guerres atroces et éternelles, guerres fraticides et dont toutes les traditions existent encore et se renouvellent constamment, car aucun gouvernement n'a fait croire à l'avenir, on ne croit à rien et l'on croit que tout peut crouler, enfin personne n'a confiance dans aucun gouvernement; il n'y a pas de lendemain. Cette rivalité purement individuelle qu'on a créée a-t-elle développé les facultés de la nation et des habitants de la France? Il n'en est rien. Jamais il n'y a eu moins de hautes intelligences, soit littéraires, soit politiques, et ce pays est le moins intruit de l'Europe. Les études sont les moins fortes dans toutes les branches des connaissances humaines. On est abaissé intellectuellement, tout est à refaire sous ce rapport. La révolution a arrêté la civilisation pendant un siècle, car malheureusement son rôle n'est pas fini, surtout avec les faibles moyens dont on use pour l'arrêter (1).

(1) Malgré les catastrophes effrayantes, ruineuses pour toujours, qui nous font trembler, qui frappent la nation entière, quoiqu'elles se passent dans la capitale, mais ont des ramifications partout, on veut traiter encore tous ces hommes féroces, ces êtres infernaux, dans des circonstances qui ne se sont jamais présentées dans l'histoire d'aucune société moderne, avec des moyens ordinaires.

Mais que la France, la démocratie et ses chefs y réfléchissent. Jamais aucune société, depuis que la civilisation les a créées en Europe, n'a été ébranlée, et, on peut le dire, jetée dans un abîme moral comme la société française, par les principes ultra-démocratiques. Elle est sur le point de périr, et elle aurait déjà dû périr, si elle ne revient pas de ses profondes erreurs, si elle ne s'établit pas sur d'autres bases.

Dans les circonstances où elle se trouvait, elle aurait pu se soutenir encore ; ces dernières crises l'achèvent, et ce sont les fils des insurgés de 1848 qui, à la faveur de notre situation désastreuse, se sont emparés de Paris.

Le mal n'est point accidentel, car il se renouvelle toujours.

Elle aura moins vécu que les démocraties antérieures.

La démocratie grecque commence à l'époque de Périclès, environ

Les républicains, généralement, sont pleins de préjugés ; ils ne se sont jamais rendus compte des conditions d'existence de l'état politique d'une nation, même chez les plus honnêtes. Ce sont bien plutôt des passions qui les dirigent, que des opinions raisonnées ; ce sont des passions et surtout la haine de toute supériorité ; ils pensent trouver là une plus grande égalité ; du reste, presque tous sont plus ou moins socialistes, et ils veulent abaisser tout ce qui est élevé et s'appuyer sur les basses classes. Enfin, dans leurs passions, ils veulent faire ce qui est impossible ; car on ne peut gouverner qu'avec l'intelligence ; mais quand ils auraient la république la mieux organisée, elle serait impossible, car il n'y aurait pas les éléments avec lesquels on peut gouverner au milieu de cette mobilité perpétuelle du hasard des élections et de la fantaisie de la multitude, de l'absence de

l'an 430 avant J.-C., jusqu'à la bataille de Chéronée, gagnée par Philippe de Macédoine, bataille qui livra la Grèce à la monarchie macédonienne, en 338. Cette première époque dura environ un siècle ; enfin, elle se soutint jusqu'à la bataille de Pydna, où elle fut vaincue par les Romains, en 168, qui subjuguèrent toute la Grèce. Elle subsista donc en tout 262 ans ; mais, chose inouïe, au milieu de toutes ces chutes successives, de toutes ces transformations, jamais le culte de l'intelligence, de tout ce qui est élevé, n'abandonna le peuple athénien, comme on le voit malheureusement dans ce triste temps.

La démocratie romaine, qui peut dater des guerres de Marius et de Sylla, 100 ans avant l'ère chrétienne, qui durèrent environ un siècle, jusqu'à Auguste, premier empereur, 29 ans avant J.-C, enfin, de cette époque jusqu'en 476 de J.-C., où les Barbares envahirent Rome, exista donc 576 ans. Peut-être eût-elle duré plus longtemps sans les invasion germaniques. Mais les principes de la société romaine n'ont jamais ébranlé l'ordre social ; car chez ce peuple, si fortement coordonné, la société et la famille conservèrent la même force morale qu'aux époques antérieures, et la discipline morale resta la même.

stabilité. Enfin, nous l'avons dit en parlant de l'Amérique, il faut des pouvoirs plus sérieux, plus forts, lorsqu'il s'agit de disposer constamment de 7 ou 800,000 hommes; mais elle n'est pas faite, leur république; on ne sait ce qui sortirait de leurs discussions, car ils ont chacun leur type et ils ne pourraient jamais s'entendre. Quand leur organisation politique serait terminée, ils se trouveraient en face du socialisme, comme cela s'est toujours fait, comme on y est maintenant obligé vis-à-vis de ces malheureux égarés, niant les principales bases de la société, et qui sont capables de commettre tous les crimes possibles. C'est la république qui leur donne des espérances, l'établissement de la monarchie arrêterait de suite tous leurs projets, parce qu'ils verraient qu'il n'y a rien à attendre (1).

Il y a des hommes qui disent ou qui croient que la volonté de rétablir la monarchie tient à des souvenirs,

(1) On dit que le gouvernement précédent a corrompu le pays et a contribué aux violences des populations. Cependant les insurgés de 1848 étaient les mêmes hommes qui se préparaient à commettre les mêmes crimes qu'en 1871 ; la ville avait 600 ou 700,000 habitants de moins, la population ouvrière était beaucoup moins nombreuse, et en 1789, où le crime régna de suite, il n'y avait que 500,000 âmes, ce sont donc les principes et les passions démagogiques qui ont amené ces violences.

Quand tombèrent la Restauration et le gouvernement de Louis-Philippe, tous deux très-honnêtes, Paris et Lyon furent constamment ensanglantés avec fureur, et des assassinats effrayèrent les imaginations.

C'est l'ébranlement moral de la France depuis 89 qui soulève toutes ces catastrophes.

Mais la France cherche toujours un éditeur responsable de ses énormes fautes, de ses souffrances sans égales ; tantôt l'un, tantôt l'autre, et elle ne veut pas s'accuser elle-même, quand elle est la seule coupable.

à des sentiments d'intérêts, de fidélité; ils regardent cela comme une corniche dorée qui fait bien au-dessus de l'édifice. Toutes ces plaisanteries sont insensées; en réalité, *la monarchie c'est la nation*, parce que c'est la seule base qui puisse donner à la nation les éléments nécessaires pour fonder le gouvernement d'un grand pays; la stabilité dans le pouvoir; l'élévation, afin que personne ne puisse y atteindre, et que la direction ne soit pas perpétuellement le jouet des oscillations de l'élection, l'esprit de suite qui accompagne toujours l'hérédité, la tradition si nécessaire à la politique extérieure, quand on est entouré de voisins aussi puissants. Ce sont tous ces principes, réunis aux institutions nationales, qui constituent la souveraineté, en un mot, qui constituent l'Etat, qui seul a le droit et le pouvoir de gouverner. Du reste, les républiques n'ont existé que par le talent d'un seul homme, et elles se sont promptement transformées en tyrannie. Depuis l'origine des sociétés, il n'y a eu que deux principes de gouvernement : l'aristocratie et la monarchie; l'aristocratie, qui est la supériorité de certaines familles dominant traditionnellement le reste de la nation, état social qui existe dans les premiers temps des sociétés ou dans des situations spéciales comme Venise ou l'Angleterre; mais quand les peuples sont plus avancés, qu'il y a plus d'égalité entre les individus, c'est la monarchie qui préside à leur destinée et qui est la forme la plus parfaite qui dirige les nations.

La couronne réunit autour d'elle dans des conseils tout ce qui constitue l'Etat, qui le transforment selon les besoins nationaux, et dans une monarchie fortement établie, c'est la couronne qui gouverne avec les institutions qui l'entourent, et non pas le roi; car la France a été grande avec des rois médiocres, cela vaut un peu mieux que le gouvernement de la multitude. Il est vrai que c'est bon pour le principe, car cette pauvre multitude ne s'en doute pas, c'est le gouvernement du premier venu ou du hasard. Les nations ont toujours été gouvernées par l'expérience et par l'intelligence. Les démocrates français ont changé tout cela; ils prétendent qu'on doit être gouverné par le nombre et par l'ignorance. Toutes les nations européennes sont fortes et puissantes par la concentration de leur unité, et ils la concentrent toujours davantage si elles veulent devenir plus puissantes, et entr'autres celle contre qui nous venons de combattre. Nous devons donc nécessairement prendre les mêmes moyens de défense et d'action, et par la richesse de notre sol, nos admirables fleuves et nos meilleures côtes maritimes, nous serons vites relevés. Oui, dès qu'on appellera au trône nos vieilles races, à l'instant tous les ennemis de l'ordre social se cacheront et tout rentrera dans l'ordre.

Mais il y aura deux changements importants à faire, c'est : 1o la décentralisation, mais la décentralisation administrative et non politique, c'est-à-dire que toutes les affaires des départements se décident entre le Conseil général et le Préfet, sans jamais venir à Paris, ni à la Chambre, ni au ministère, à moins que certains emprunts très-importants dont on ferait part au ministre de l'intérieur. Tout passerait par le Conseil général, même l'administration des communes qu'il surveillerait. Car il ne peut y avoir aucune garantie de bonne administration dans nos communes de 4 ou 500 habitants, et elles doivent être surveillées par le sous-préfet.

Il faut également que dans chaque commune, et dans chaque circonscripton administrative, le chef de l'administration soit nommé par la couronne ; sans ce principe, le gouvernement serait sans force et on marcherait à la dissolution. On pourra aussi les autoriser pour beaucoup d'affaires à se réunir par ressort de cour royale et aussi pour l'organisation militaire, par division militaire ; en agissant ainsi, les conseils généraux administreront entièrement les départements, l'intervention du préfet ne sera qu'une affaire de forme, mais nécessaire, et l'intérêt et la vie reviendront dans les provinces et abandonneront Paris. Ce sera une des organisations des plus favorables à la monarchie, qui lèvera beaucoup de difficultés, facilitera énormément le gouvernement. On devrait remettre aux Conseils généraux le plus de branches d'administrations possibles, ce serait un grand moyen d'économie dans les dépenses, sans faire souffrir aucun service public.

Pour le suffrage universel, il faudrait en revenir aux principes des premières assemblées françaises, celle de 1791 et celle de l'an III, et exiger des électeurs qu'ils payent l'impôt personnel, comme c'était établi dans ces constitutions, et l'élection se faisait à deux degrés. Les premiers nommaient les électeurs ; ce qu'il y aurait de mieux, c'est que les électeurs aient à nommer les conseils municipaux, et les conseils municipaux réunis au chef-lieu de canton, nommeraient les membres des Conseils généraux et les députés. Ce serait une combinaison admirable ; ces hommes ne seraient pas nommés dans le but d'élire les députés, il n'y aurait pas de passions de leur part ; les partis politiques ne pourraient s'en emparer et, réunis au canton, ils seraient beaucoup plus à même de s'entendre ensemble, ou avec toutes les influences, que lors de la division du suffrage universel, déjà très-épuré en exigeant qu'on paye l'impôt personnel pour être électeur, comme l'avait décidé l'assemblée en 1849.

Un sénat, composé des hautes positions indépendantes, point choisi comme le dernier, achèverait de parfaire les institutions politiques de l'Etat, qui, sous la direction de la couronne, contrôlée par le sénat et la chambre des députés, formerait uue très-forte organisation politique qui, il faut l'espérer, fermerait ces secousses périodiques qui renversent toute la France et toute la société française, sans aucune cause, tous les quinze ans, et nous rendent la nation la plus méprisable de l'Europe. L'établissement de la monarchie nous donnerait de suite une force extrême vis-à-vis de l'Europe et des cabinets européens. La république est une organisation qui ne peut être acceptée sérieusement.

Enfin, si nous le voulons, la Révolution peut être finie, pourvu qu'on emploie les moyens nécessaires pour qu'elle ne se relève plus; elle est maintenant pour toujours proscrite par les nations et mise au ban de l'Europe. Cette Révolution si inutile, si insensée, si effrayante, car elle se termine dans le sang, dans la boue et le ridicule, elle a toujours été dirigée par ces hommes qui parlaient de liberté et ne donnaient que l'arbitraire et la suspension de tout droit, pour qui la souveraineté nationale n'était qu'un mot; ils s'en moquaient plus que personne et la foulaient toujours aux pieds. Jamais, depuis que ces principes ont été proclamés, les assemblées n'ont représenté les nations, et elles ont fait toujours le contraire de ce que voulait le pays et l'opinion. Il est impossible de ne pas rougir de honte, quand on se souvient de tous ces hommes violents, sans conscience aucune, qui pouvaient s'emparer de la France et la diriger comme si elle leur appartenait. C'est un spectacle inouï dans le monde, qui ne s'est vu nulle part, dans aucun pays, qu'on peut faire finir quand on voudra, et qui, il faut l'espérer, ne se renouvellera jamais.

Moulins.— Imprimerie de C. Desrosiers.

www.ingramcontent.com/pod-product-compliance
Lightning Source LLC
LaVergne TN
LVHW020255230826
846091LV00006B/2426

9782011750884